школа - l'école	2
подорож - le voyage	5
транспорт - le transport	8
місто - la ville	10
ландшафт - le paysage	14
ресторан - le restaurant	17
супермаркет - le supermarché	20
напої - les boissons	22
їжа - les aliments	23
ферма - la ferme	27
дім - la maison	31
вітальня - la salle de séjour	33
кухня - la cuisine	35
ванна кімната - la salle de bains	38
дитяча кімната - la chambre d'enfant	42
одяг - les vêtements	44
офіс - le bureau	49
економіка - l'économie	51
професії - les professions	53
інструменти - les outils	56
музичні інструменти - les instruments de musique	57
зоопарк - le zoo	59
спорт - les sports	62
дії - les activités	63
сім'я - la famille	67
тіло - le corps	68
лікарня - l'hôpital	72
аварійний випадок - l'urgence	76
Земля - la Terre	77
годинник - l'heure	79
тиждень - la semaine	80
рік - l'année	81
форми - les formes	83
фарби - les couleurs	84
протилежності - les opposés	85
числа - les nombres	88
мови - les langues	90
хто / що / як - qui / quoi / comment	91
де - où	92

Impressum
Verlag: BABADADA GmbH, Nedderfeld 112 , 22529 Hamburg
Geschäftsführer / Verlagsleitung: Harald Hof
Druck: Books on Demand GmbH, In de Tarpen 42, 22848 Norderstedt

Imprint
Publisher: BABADADA GmbH, Nedderfeld 112 , 22529 Hamburg, Germany
Managing Director / Publishing direction: Harald Hof
Print: Books on Demand GmbH, In de Tarpen 42, 22848 Norderstedt

школа
l'école

- ділити / diviser
- дошка / le tableau
- класна кімната / la salle de classe
- шкільний двір / la cour d'école
- вчитель / l'enseignant
- папір / le papier
- писати / écrire
- ручка / le stylo
- письмовий стіл / le bureau de travail
- лінійка / la règle
- книга / le livre
- учень / l'écolier

ранець

le sac d'écolier

пенал

la trousse

олівець

le crayon

точило

le taille-crayon

гумка

la gomme à effacer

альбом для малювання

le bloc de papier à dessin

малюнок
le dessin

пензель
le pinceau

коробка фарб
la boîte de peintures

ножиці
les ciseaux

клей
la colle

зошит
le cahier d'exercices

домашнє завдання
les devoirs

число
le chiffre

додавати
additionner

віднімати
soustraire

множити
multiplier

рахувати
calculer

літера
la lettre

абетка
l'alphabet

слово
le mot

школа - l'école

текст	читати	крейда
le texte	lire	la craie

година	класний журнал	екзамен
la leçon	le cahier de notes	l'examen

диплом	шкільна форма	освіта
le certificat	l'uniforme scolaire	l'éducation

  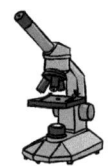

лексикон	університет	мікроскоп
l'encyclopédie	l'université	le microscope

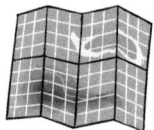 

карта	кошик для паперу
la carte	la corbeille à papier

школа - l'école

подорож
le voyage

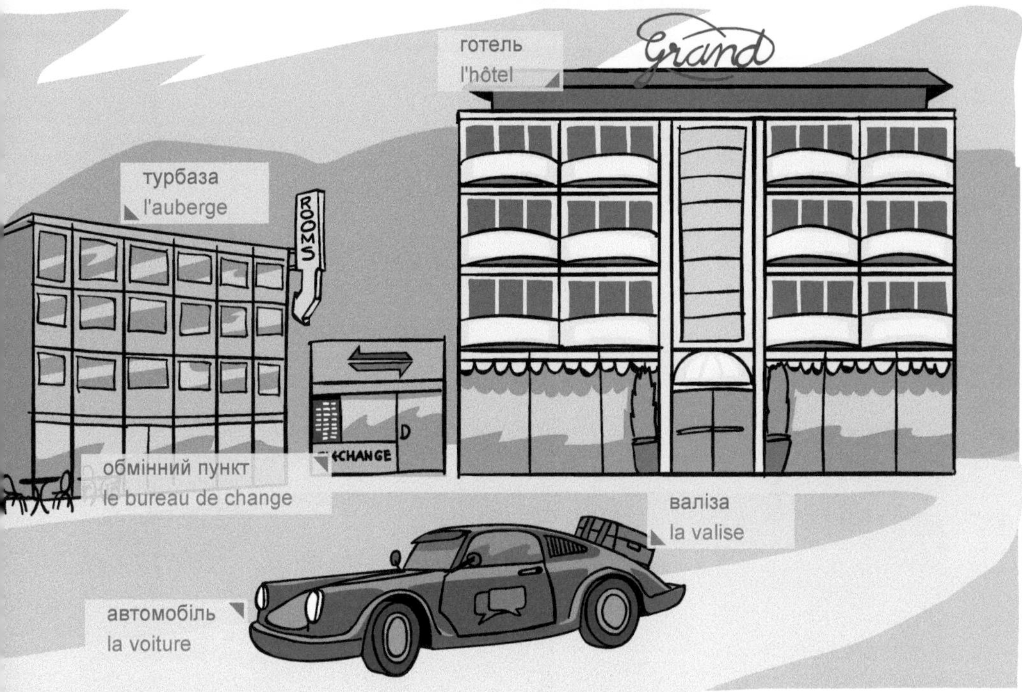

Grand
готель
l'hôtel
турбаза
l'auberge
ROOMS
CHANGE
обмінний пункт
le bureau de change
валіза
la valise
автомобіль
la voiture

мова
la langue

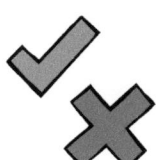

так / ні
oui / non

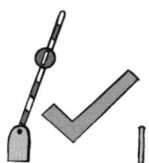

добре
Okay

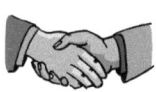

привіт
Allo!

перекладач
le traducteur

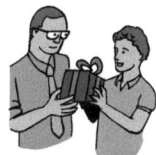

дякую
Merci

Скільки коштує ...?
Combien coûte...?

Я не розумію
Je ne comprends pas

проблема
le problème

Добрий вечір!
Bonsoir !

Доброго ранку!
Bonjour !

На добраніч!
Bonne nuit !

До побачення
bye bye

напрямок
la direction

багаж
les bagages

сумка
le sac

рюкзак
le sac à dos

гість
l'invité

кімната
la pièce

спальний мішок
le sac de couchage

намет
la tente

подорож - le voyage

туристична інформація

le bureau d'information touristique

пляж

la plage

кредитна картка

la carte de crédit

сніданок

le déjeuner

обід

le dîner

вечеря

le souper

квиток

le billet

ліфт

l'ascenseur

поштова марка

le timbre

межа

la frontière

митниця

la douane

посольство

l'ambassade

віза

le visa

паспорт

le passeport

подорож - le voyage

транспорт
le transport

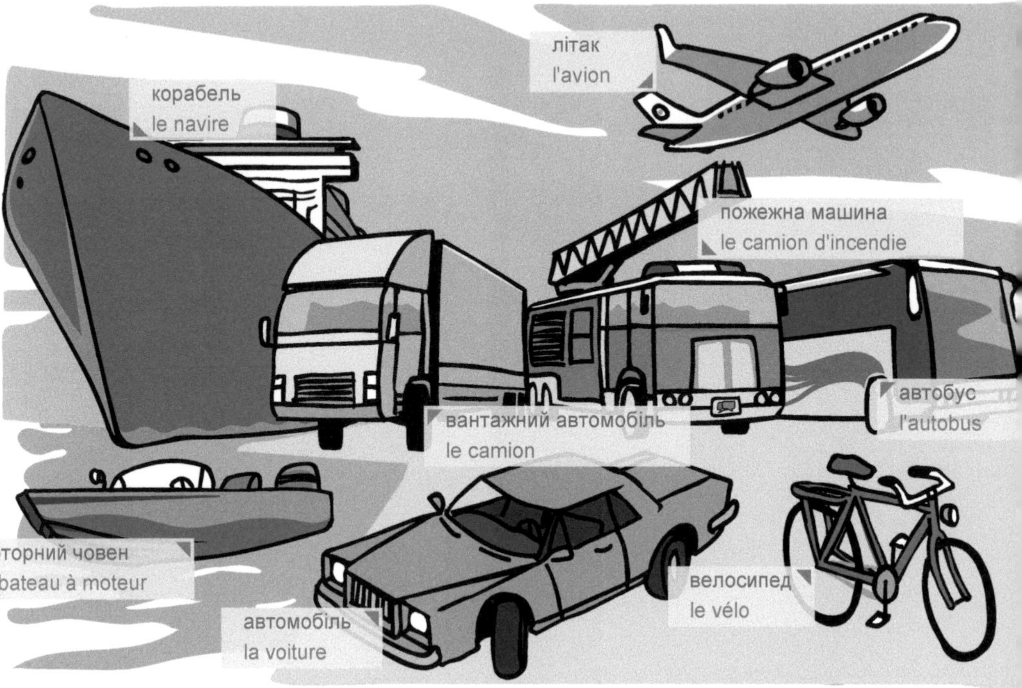

- літак — l'avion
- корабель — le navire
- пожежна машина — le camion d'incendie
- вантажний автомобіль — le camion
- автобус — l'autobus
- моторний човен — le bateau à moteur
- автомобіль — la voiture
- велосипед — le vélo

пором

le traversier

човен

le bateau

мотоцикл

la motocyclette

поліцейська машина

la voiture de police

гоночний автомобіль

la voiture de course

автомобіль на прокат

la voiture de location

спільне користування авто
l'autopartage

евакуатор
la dépanneuse

сміттєвоз
le camion à ordures

двигун
le moteur

паливо
le carburant

автозаправна станція
la station-service

дорожній знак
le panneau de signalisation

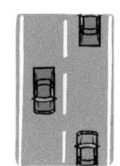

рух
la circulation

затор
l'embouteillage

стоянка
le parc de stationnement

вокзал
la gare

рейки
les voies ferrées

потяг
le train

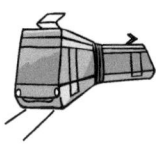

трамвай
le tramway

вагон
le wagon

транспорт - le transport

гелікоптер
l'hélicoptère

аеропорт
l'aéroport

вежа
la tour

пасажир
le passager

контейнер
le conteneur

коробка
la boîte en carton

візок
le chariot

кошик
le panier

стартувати / приземлятися
décoller / atterrir

місто
la ville

село
le village

центр міста
le centre-ville

дім
la maison

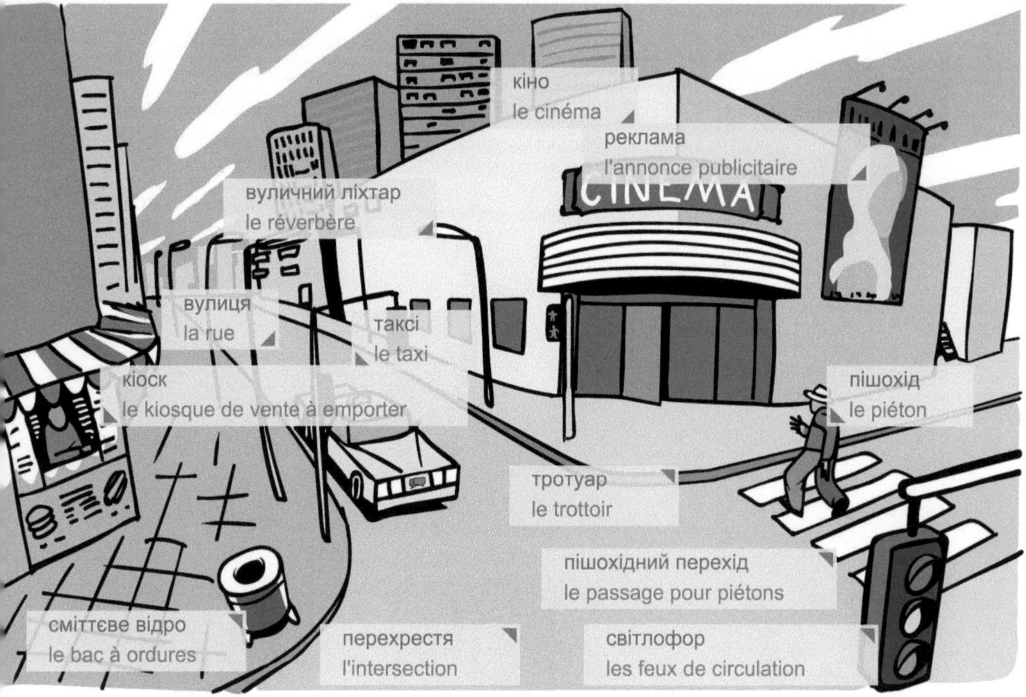

кіно
le cinéma

реклама
l'annonce publicitaire

вуличний ліхтар
le réverbère

вулиця
la rue

таксі
le taxi

пішохід
le piéton

кіоск
le kiosque de vente à emporter

тротуар
le trottoir

пішохідний перехід
le passage pour piétons

сміттєве відро
le bac à ordures

перехрестя
l'intersection

світлофор
les feux de circulation

хатина
la cabane

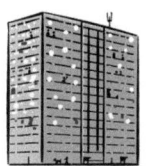

квартира
l'appartement

вокзал
la gare

ратуша
l'hôtel de ville

музей
le musée

школа
l'école

місто - la ville

університет
l'université

банк
la banque

лікарня
l'hôpital

готель
l'hôtel

аптека
la pharmacie

офіс
le bureau

книжковий магазин
la librairie

магазин
le magasin

квітковий магазин
le fleuriste

супермаркет
le supermarché

ринок
le marché

універмаг
le grand magasin

торговець рибою
la poissonnerie

торговельний центр
le centre commercial

гавань
le port

місто - la ville

парк
le parc

лава
le banc

міст
le pont

сходи
les escaliers

метро
le métro

тунель
le tunnel

автобусна зупинка
l'arrêt d'autobus

бар
le bar

ресторан
le restaurant

поштова скринька
la boîte à lettres

вулична табличка
la plaque de rue

лічильник паркування
le parcomètre

зоопарк
le zoo

басейн
les bains publics

мечеть
la mosquée

ферма
la ferme

забруднення навколишнього середовища
la pollution

кладовище
le cimetière

церква
l'église

дитячий майданчик
l'aire de jeux

храм
le temple

ландшафт
le paysage

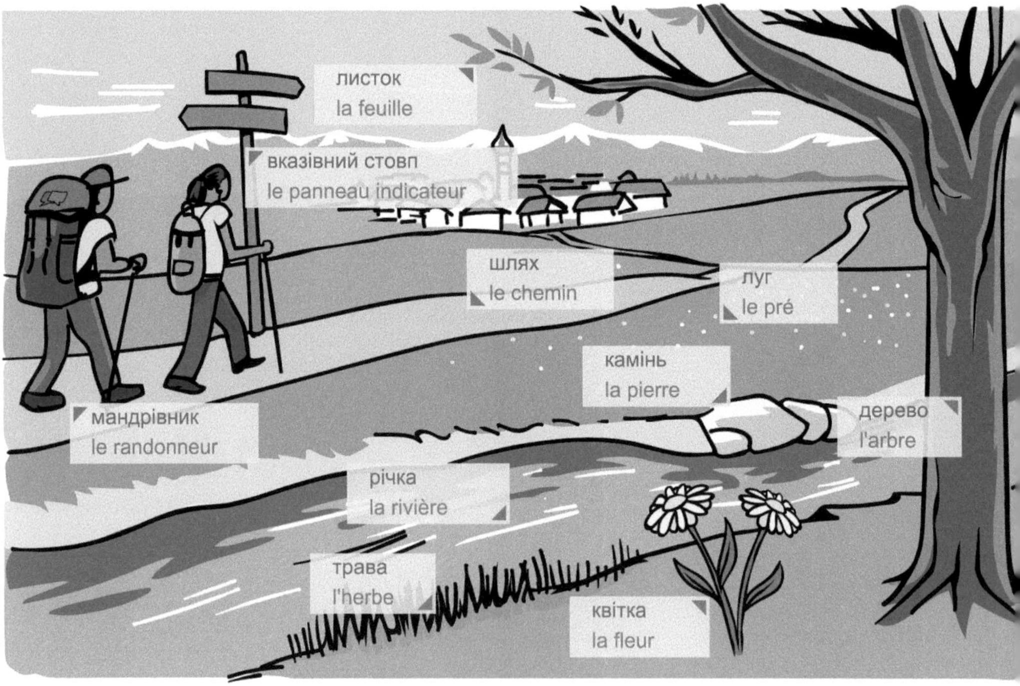

листок
la feuille

вказівний стовп
le panneau indicateur

шлях
le chemin

луг
le pré

камінь
la pierre

дерево
l'arbre

мандрівник
le randonneur

річка
la rivière

трава
l'herbe

квітка
la fleur

ландшафт - le paysage

долина
la vallée

гора
la colline

озеро
le lac

ліс
la forêt

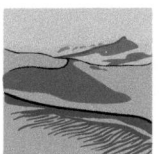
пустеля
le désert

вулкан
le volcan

замок
le château

веселка
l'arc-en-ciel

гриб
le champignon

пальма
le palmier

комар
le moustique

муха
la mouche

мурашка
la fourmi

бджола
l'abeille

павук
l'araignée

ландшафт - le paysage

жук
le scarabée

жаба
la grenouille

вивірка
l'écureuil

їжак
le hérisson

заєць
le lièvre

сова
la chouette

птах
l'oiseau

лебідь
le cygne

кабан
le sanglier

олень
le cerf

лось
l'orignal

гребля
le barrage

вітряк
l'éolienne

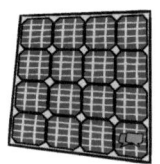

сонячний модуль
le panneau solaire

клімат
le climat

ландшафт - le paysage

ресторан
le restaurant

- офіціант — le serveur
- меню — le menu
- стілець — la chaise
- піца — la pizza
- суп — la soupe
- скатертина — la nappe
- столові прилади — la coutellerie

закуска
les hors-d'œuvre

друга страва
le plat principal

десерт
le dessert

напої
les boissons

їжа
les aliments

пляшка
la bouteille

фаст-фуд
la restauration rapide

вулична їжа
la cuisine de rue

чайник
la théière

цукорниця
le sucrier

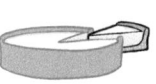

порція
la part

еспресо-машина
la machine à expresso

високий стільчик
la chaise haute d'enfant

рахунок
la facture

піднос
le plateau

ніж
le couteau

вилка
la fourchette

ложка
la cuillère

чайна ложка
la cuillère à thé

серветка
la serviette

склянка
le verre

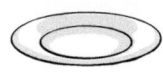

тарілка
l'assiette

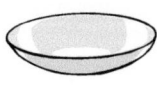

тарілка для супу
l'assiette creuse

блюдце
la soucoupe

соус
la sauce

солонка
la salière

млин для перцю
le moulin à poivre

оцет
le vinaigre

масло
l'huile

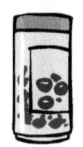

спеції
les épices

кетчуп
le ketchup

гірчиця
la moutarde

майонез
la mayonnaise

ресторан - le restaurant

супермаркет

le supermarché

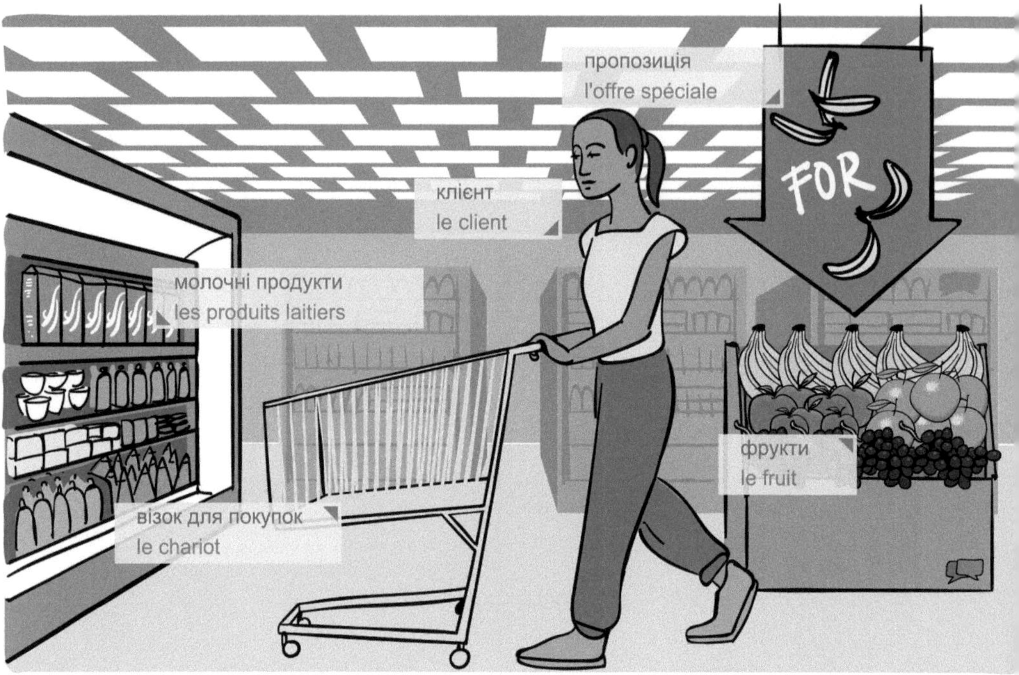

пропозиція
l'offre spéciale
FOR
клієнт
le client
молочні продукти
les produits laitiers
фрукти
le fruit
візок для покупок
le chariot

BUTCHERS

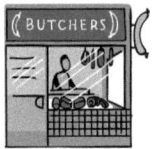

м'ясний магазин

la boucherie

BAKERY

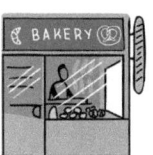

пекарня

la boulangerie

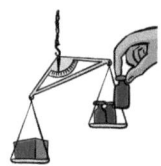

зважувати

peser

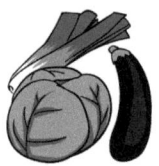

овочі

les légumes

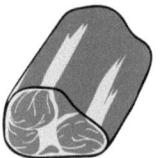

м'ясо

la viande

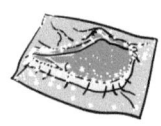

заморожені продукти

les aliments congelés

ковбасна нарізка
les viandes froides

консерви
les conserves

пральний порошок
le détergent à lessive en poudre

солодощі
les sucreries

предмети домашнього побуту
les produits d'entretien ménager

мийний засіб
les produits d'entretien

продавщиця
la vendeuse

каса
la caisse

касир
le caissier

список покупок
la liste de provisions

часи роботи
les heures d'ouverture

гаманець
le portefeuille

кредитна картка
la carte de crédit

сумка
le sac

поліетиленовий пакет
le sac plastique

супермаркет - le supermarché

напої
les boissons

вода
l'eau

сік
le jus

молоко
le lait

кола
le cola

вино
le vin

пиво
la bière

алкоголь
l'alcool

какао
le cacao

чай
le thé

кава
le café

еспресо
l'expresso

капучіно
le cappuccino

їжа
les aliments

банан
la banane

яблуко
la pomme

апельсин
l'orange

кавун
le melon d'eau

лимон
le citron.

морква
la carotte

часник
l'ail

бамбук
le bambou

цибуля
l'oignon

гриб
le champignon

горішки
les noix

локшина
les nouilles

спагеті
les spaghettis

рис
le riz

салат
la salade

картопля фрі
les frites

смажена картопля
les pommes de terre sautées

піца
la pizza

гамбургер
le hamburger

бутерброд
le sandwich

шніцель
l'escalope

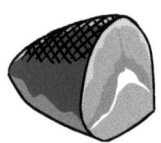

шинка
le jambon

салямі
le salami

ковбаса
la saucisse

курка
le poulet

печеня
le rôti

риба
le poisson

їжа - les aliments

вівсяні пластівці

le gruau d'avoine

мюслі

le muesli

кукурудзяні пластівці

les flocons de maïs

борошно

la farine

круасан

le croissant

булочка

le petit pain

хліб

le pain

тостовий хліб

la rôtie

печиво

les biscuits

масло

le beurre

сир

le caillé

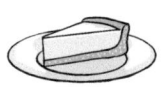

пиріг

le gâteau

яйце

l'œuf

яєчня

l'œuf miroir

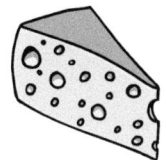

сир

le fromage

їжа - les aliments

морозиво
la crème glacée

цукор
le sucre

мед
le miel

мармелад
la confiture

нуга-крем
la crème de nougat

карі
le cari

ферма
la ferme

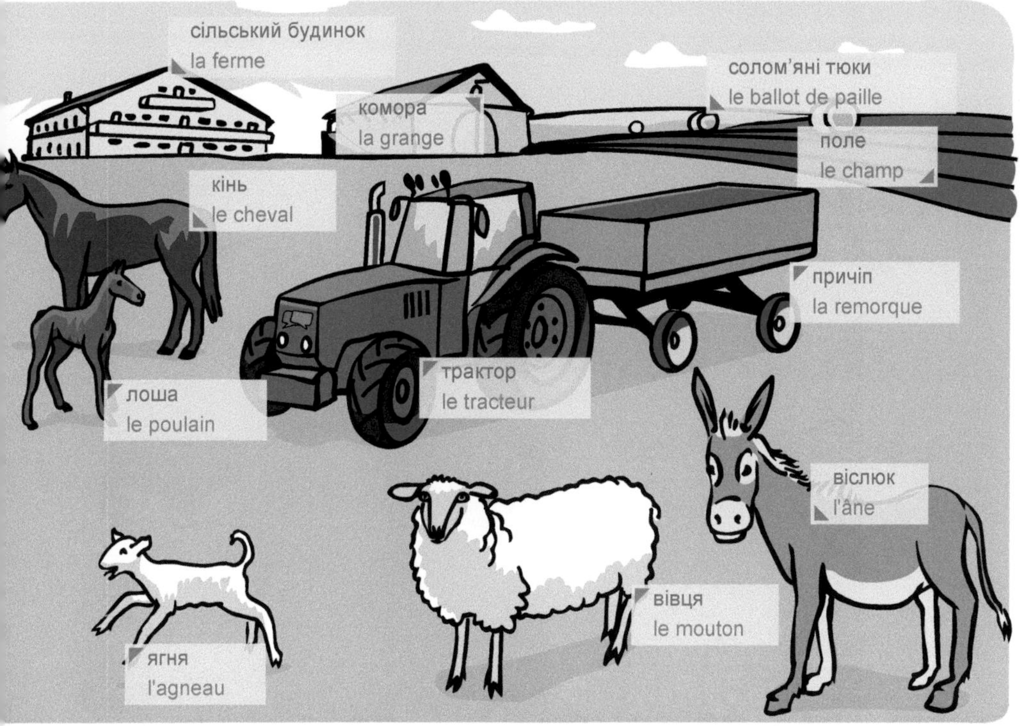

сільський будинок
la ferme

комора
la grange

солом'яні тюки
le ballot de paille

поле
le champ

кінь
le cheval

причіп
la remorque

лоша
le poulain

трактор
le tracteur

віслюк
l'âne

вівця
le mouton

ягня
l'agneau

коза
la chèvre

корова
la vache

теля
le veau

свиня
le porc

порося
le porcelet

бик
le taureau

гусак
l'oie

качка
le canard

курча
le poussin

курка
la poule

півень
le coq

щур
le rat

кіт
le chat

миша
la souris

віл
le bœuf

собака
le chien

собача будка
la niche

садовий шланг
le tuyau d'arrosage

лійка
l'arrosoir

коса
la faux

плуг
la charrue

 серп la faucille	 мотика la binette	 вила la fourche à foin
 сокира la hache	 тачка la brouette	 корито l'auge
 бідон молока le pot à lait	 мішок le grand sac	 паркан la clôture
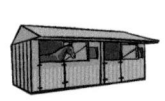 хлів l'écurie	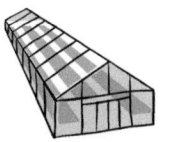 теплиця la serre	 ґрунт le sol
 насіння les graines	 добриво l'engrais	 комбайн la moissonneuse-batteuse

ферма - la ferme

пожинати
récolter

урожай
la récolte

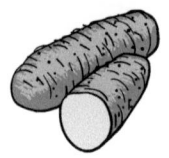
корінь ямсу
l'igname

пшениця
le blé

соя
le soja

картопля
la pomme de terre

кукурудза
le maïs

ріпак
la graine de colza

плодове дерево
l'arbre fruitier

маніок
le manioc

злаки
les grains

ферма - la ferme

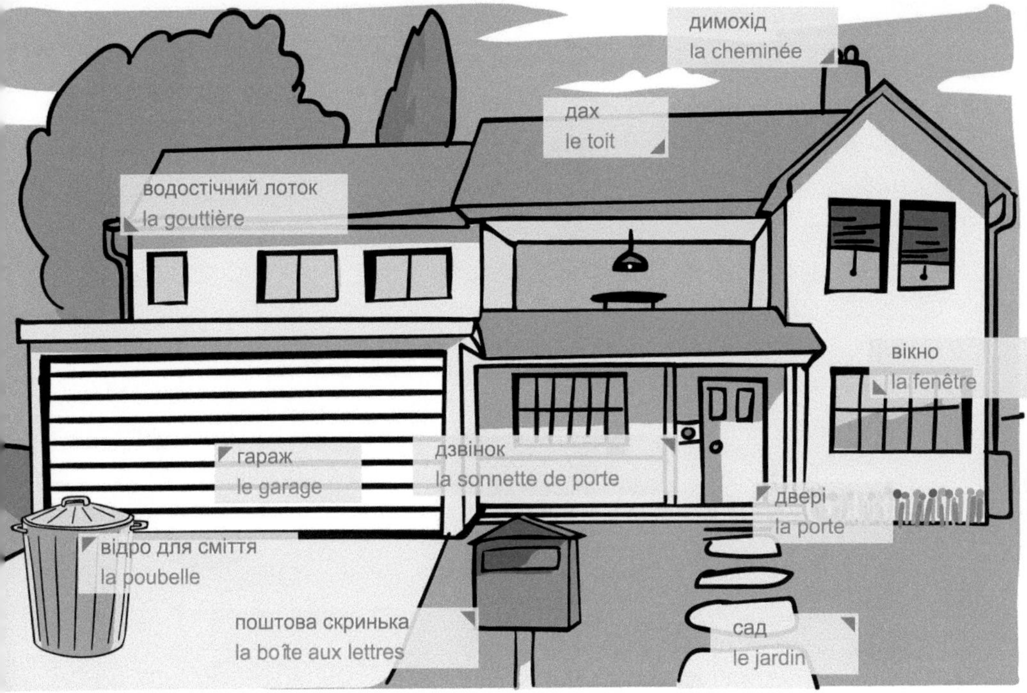

дім
la maison

димохід
la cheminée

дах
le toit

водостічний лоток
la gouttière

вікно
la fenêtre

гараж
le garage

дзвінок
la sonnette de porte

двері
la porte

відро для сміття
la poubelle

поштова скринька
la boîte aux lettres

сад
le jardin

вітальня
la salle de séjour

ванна кімната
la salle de bains

кухня
la cuisine

спальня
la chambre à coucher

дитяча кімната
la chambre d'enfant

їдальня
la salle à manger

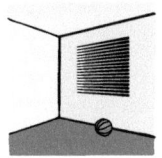

підлога
le plancher

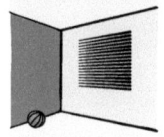

стіна
le mur

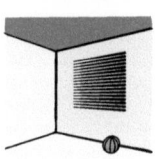

стеля
le plafond

підвал
le cellier

сауна
le sauna

балкон
le balcon

тераса
la terrasse

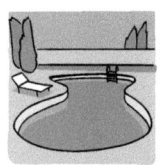

басейн
la piscine

косарка
la tondeuse à gazon

простирало
le drap

ковдра
le jeté de lit

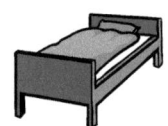

ліжко
le lit

мітла
le balai

відро
le seau

перемикач
l'interrupteur

дім - la maison

вітальня
la salle de séjour

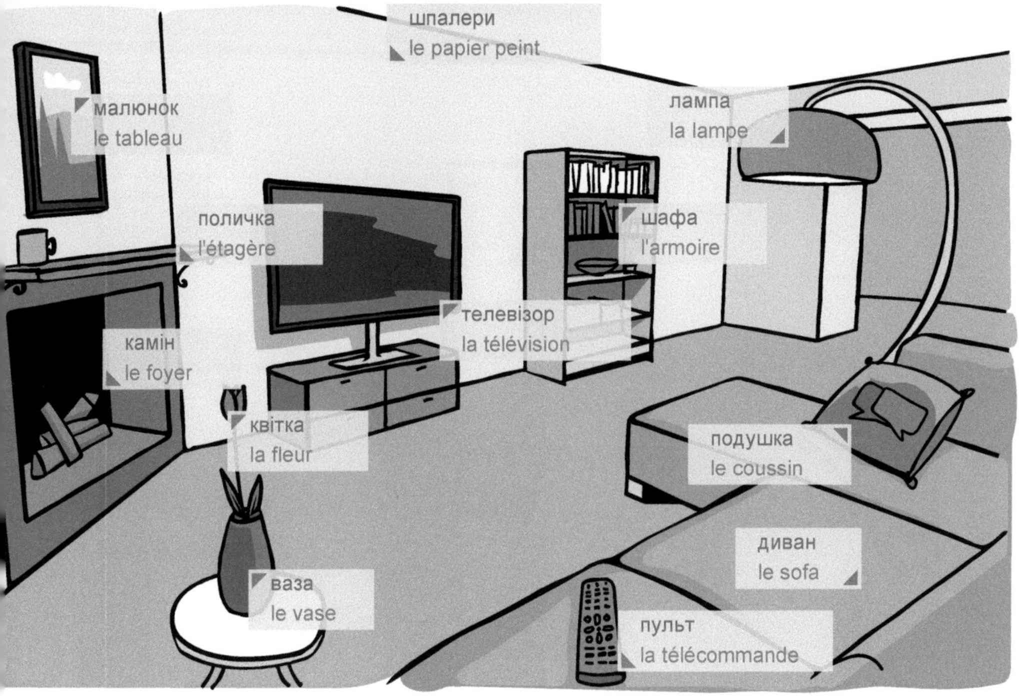

шпалери
le papier peint

малюнок
le tableau

лампа
la lampe

поличка
l'étagère

шафа
l'armoire

камін
le foyer

телевізор
la télévision

квітка
la fleur

подушка
le coussin

ваза
le vase

диван
le sofa

пульт
la télécommande

килим

le tapis

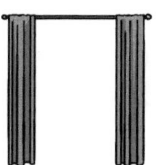

завіса

le rideau

стіл

la table

стілець

la chaise

крісло-гойдалка

la berceuse

крісло

le fauteuil

книга
le livre

ковдра
la couverte

прикраса
la décoration

дрова
le bois de chauffage

фільм
le film

стереосистема
la chaîne hi-fi

ключ
la clé

газета
le journal

картина
la peinture

плакат
l'affiche

радіо
la radio

блокнот
le bloc-notes

пилосос
l'aspirateur

кактус
le cactus

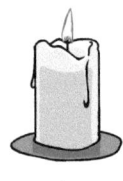
свічка
la chandelle

вітальня - la salle de séjour

кухня
la cuisine

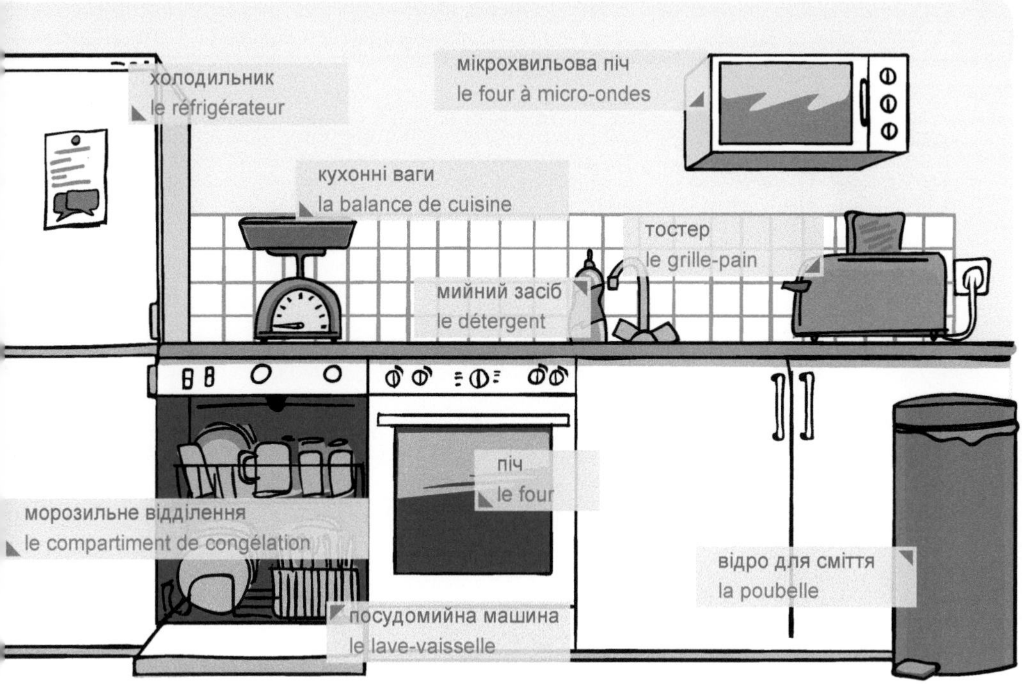

холодильник
le réfrigérateur

мікрохвильова піч
le four à micro-ondes

кухонні ваги
la balance de cuisine

тостер
le grille-pain

мийний засіб
le détergent

морозильне відділення
le compartiment de congélation

піч
le four

відро для сміття
la poubelle

посудомийна машина
le lave-vaisselle

плита

la cuisinière

горщик

la marmite

чавунний горщик

la cocotte en fonte

вок / кадай

le wok/kadai

сковорода

la poêle

чайник

la bouilloire

кухня - la cuisine

пароварка
le cuiseur à vapeur

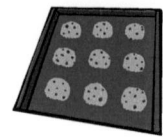

лист
la plaque à patisserie

посуд
la vaisselle

кухоль
la grande tasse

чаша
le bol

палички для їжі
les baguettes

черпак
la louche

лопатка
la spatule

вінчик для збивання
le fouet

сито
la passoire

сито
le tamis

терка
la râpe

ступка
le mortier

барбекю
le barbecue

багаття
le foyer

кухня - la cuisine

дошка
la planche à découper

качалка
le rouleau à pâtisserie

штопор
le tire-bouchon

конзерва
la boîte à conserves

відкривачка
l'ouvre-boîte

прихватки
la mitaine de four

раковина
l'évier

щітка
la brosse

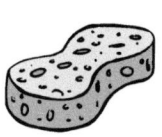
губка
l'éponge

міксер
le mélangeur

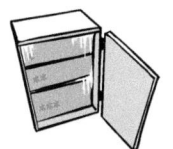
морозильна камера
le congélateur

дитяча пляшка
le biberon

кран
le robinet

кухня - la cuisine

ванна кімната
la salle de bains

- опалення — le chauffage
- душ — la douche
- рушник — la serviette
- душова завіса — le rideau de douche
- пінистна ванна — le bain moussant
- ванна — la baignoire
- склянка — le verre
- пральна машина — la machine à laver
- плитка — les carreaux
- кран — le robinet
- горшок — le pot
- раковина — l'évier

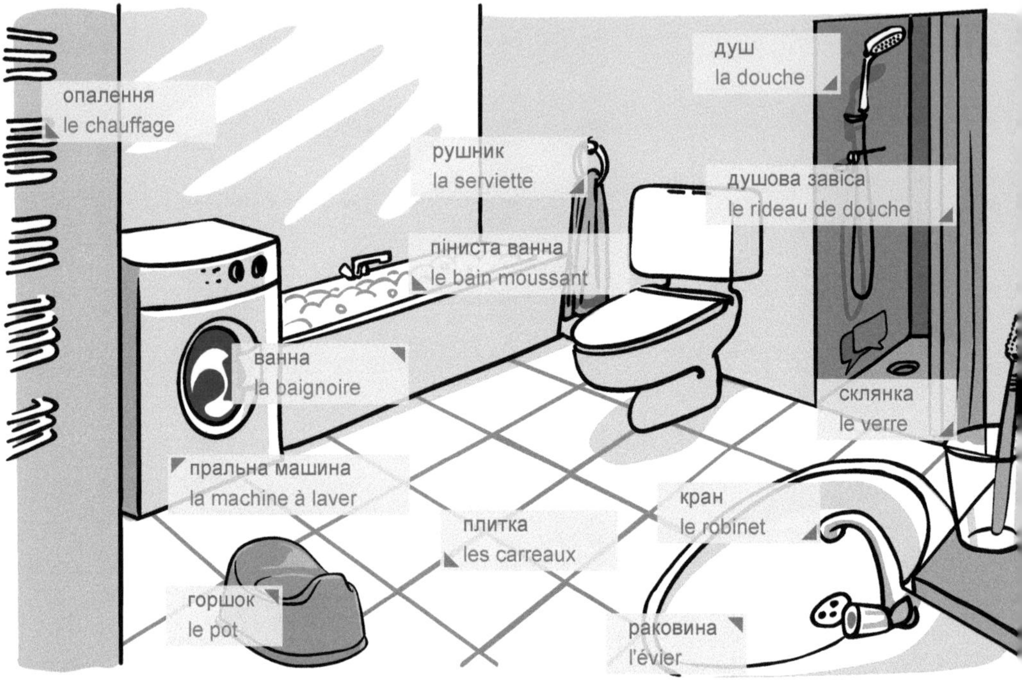

- туалет — la toilette
- підлоговий туалет — la toilette turque 
- біде — le bidet 
- пісуар — l'urinoir 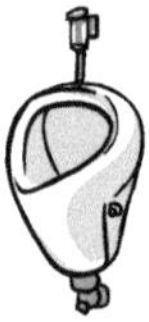
- туалетний папір — le papier hygiénique 
- щітка для туалету — la brosse à toilette 

ванна кімната - la salle de bains

зубна щітка

la brosse à dents

зубна паста

le dentifrice

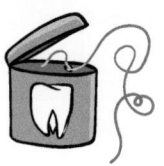

нитка для чищення зубів

la soie dentaire

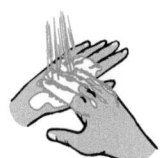

мити

laver

ручний душ

la douchette

інтимний душ

la douche vaginale

таз

la cuvette

щітка для спини

la brosse pour le dos

мило

le savon

гель для душу

le gel douche

шампунь

le shampooing

мочалка

la débarbouillette

водостік

le drain

крем

la crème

дезодорант

le déodorant

ванна кімната - la salle de bains

дзеркало
le miroir

косметичне дзеркало
le miroir à main

бритва
le rasoir

піна для гоління
la mousse à raser

лосьйон після гоління
l'après-rasage

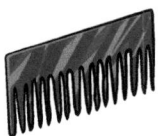
гребінь
le peigne

щітка
la brosse

фен
le sèche-cheveux

лак для волосся
la laque

косметика
le maquillage

губна помада
le rouge à lèvres

лак для нігтів
le vernis à ongles

вата
l'ouate

ножиці для нігтів
les ciseaux à ongles

парфум
le parfum

ванна кімната - la salle de bains

косметичка
la trousse de toilette

табурет
le tabouret

ваги
le pèse-personne

халат
le peignoir

гумові рукавички
les gants de caoutchouc

тампон
le tampon

гігієнічні прокладки
les serviettes hygiéniques

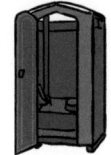
біотуалет
la toilette chimique

ванна кімната - la salle de bains

дитяча кімната
la chambre d'enfant

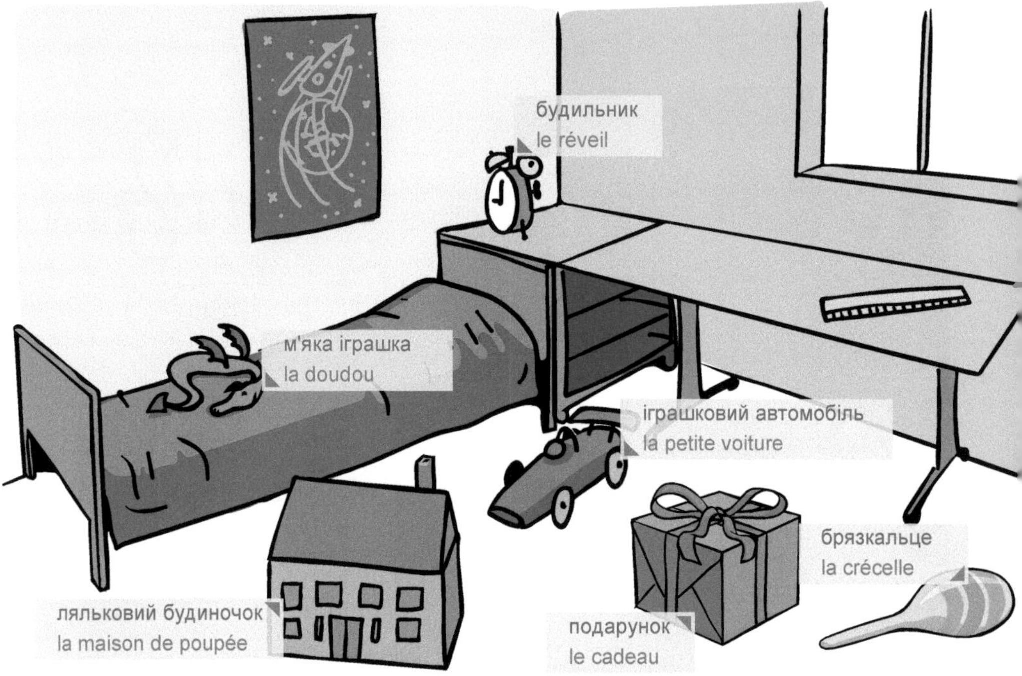

будильник
le réveil
м'яка іграшка
la doudou
іграшковий автомобіль
la petite voiture
брязкальце
la crécelle
ляльковий будиночок
la maison de poupée
подарунок
le cadeau

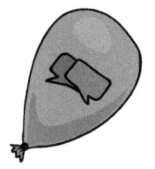

повітряна кулька

le ballon

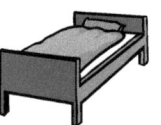

ліжко

le lit

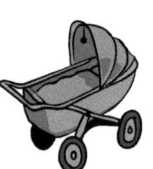

дитячий візок

le landau

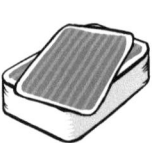

картярська гра

le jeu de cartes

пазл

le casse-tête

SUPER
MEGA

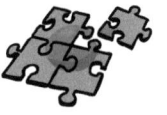

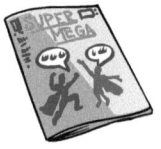

комікс

la bande dessinée

лего цеглинки
les blocs LEGO

блоки
le jeu de briques

іграшкова фігурка
la figurine articulée

повзунки
la dormeuse

фризбі
le disque volant

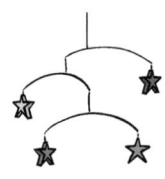

мобіле
le mobile

настільна гра
le jeu de société

кубик
le dé

модель залізнична станція
l'ensemble de modèles de train

соска
le mannequin

вечірка
la fête

книжка з картинками
le livre d'images

м'яч
la balle

лялька
la poupée

грати
jouer

дитяча кімната - la chambre d'enfant

пісочниця
le bac à sable

гойдалка
la balançoire

іграшка
les jouets

гральна консоль
la console de jeu vidéo

триколісний велосипед
le tricycle

плюшевий мішка
l'ours en peluche

шафа
la garde-robe

одяг
les vêtements

шкарпетки
les chaussettes

панчохи
les bas

колготки
le collant

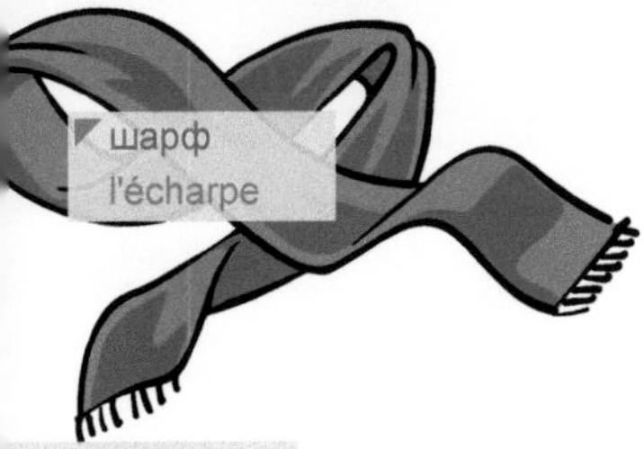

шарф
l'écharpe

парасоля
le parapluie

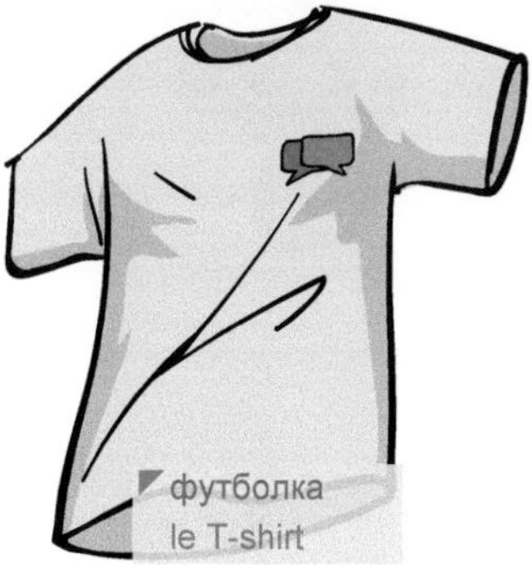

футболка
le T-shirt

ремінь
la ceinture

домашнє взуття
les pantoufles

чоботи
les bottes

кросівки
les chaussures de sport

сандалі
les sandales

взуття
les souliers

гумові чоботи
les bottes de caoutchouc

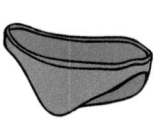

труси
les sous-vêtements

бюстгальтер
le soutien-gorge

нижня сорочка
le gilet

одяг - les vêtements

боді

le body

штани

le pantalon

джинси

le jean

спідниця

la jupe

блузка

le chemisier

сорочка

la chemise

пуловер

le chandail

светр

le chandail à capuche

піджак

le blazer

куртка

la veste

пальто

le manteau

дощовик

le manteau de pluie

костюм

le complet

сукня

la robe

весільна сукня

la robe de mariée

одяг - les vêtements

костюм
le tailleur

нічна сорочка
la chemise de nuit

піжама
le pyjama

сарі
le sari

головна хустка
le foulard

чалма
le turban

бурка
la burqa

кафтан
le cafetan

абая
l'abaya

купальник
le maillot de bain

плавки
le maillot short

шорти
la culotte courte

тренувальний костюм
le survêtement

фартух
le tablier

рукавички
les mitaines

одяг - les vêtements

гудзик
le bouton

окуляри
les lunettes

браслет
le bracelet

ланцюг
le collier

кільце
la bague

сережка
la boucle d'oreille

шапка
la tuque

плічка
le cintre

капелюх
le chapeau

краватка
la cravate

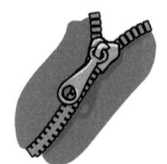

застібка-блискавка
la fermeture à glissière

шолом
le casque

підтяжки
les bretelles

шкільна форма
l'uniforme scolaire

уніформа
l'uniforme

нагрудник
le bavoir

соска
le mannequin

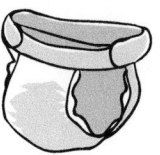
підгузок
la couche

офіс
le bureau

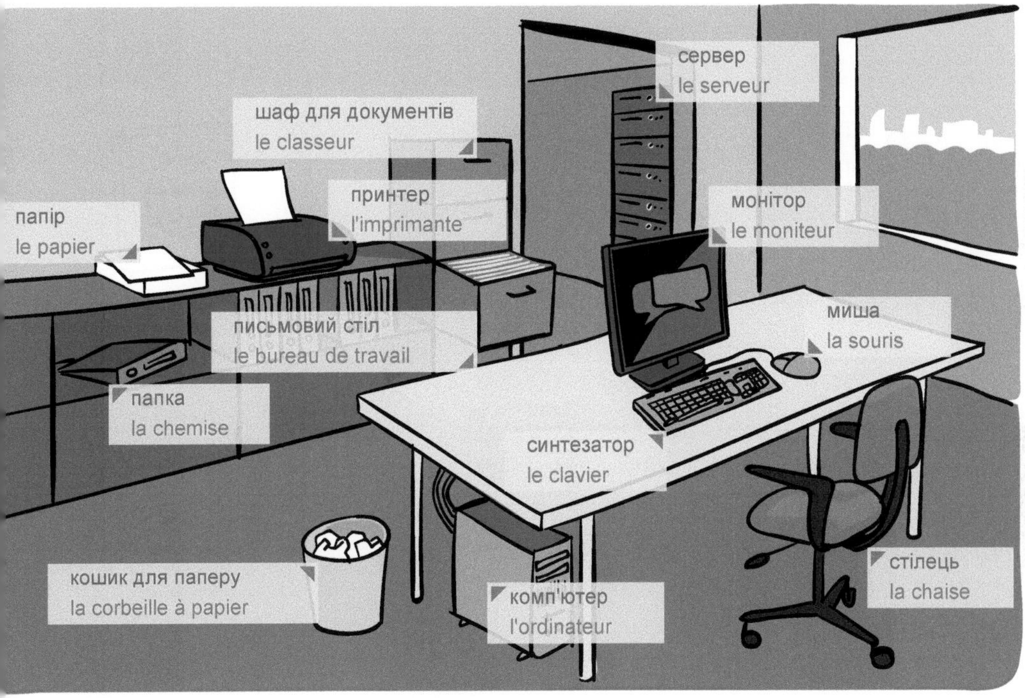

- сервер — le serveur
- шаф для документів — le classeur
- принтер — l'imprimante
- монітор — le moniteur
- папір — le papier
- письмовий стіл — le bureau de travail
- миша — la souris
- папка — la chemise
- синтезатор — le clavier
- кошик для паперу — la corbeille à papier
- комп'ютер — l'ordinateur
- стілець — la chaise

кавовий кухоль
la grande tasse à café

калькулятор
la calculatrice

інтернет
l'Internet

ноутбук
l'ordinateur portable

лист
la lettre

повідомлення
le message

мобільний телефон
le téléphone cellulaire

мережа
le réseau

копіювальний пристрій
le photocopieur

програмне забезпечення
le logiciel

телефон
le téléphone

розетка
la prise de courant

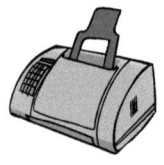

факс
le télécopieur

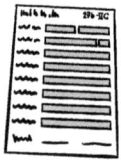

бланк
le formulaire

документ
le document

офіс - le bureau

економіка
l'économie

купувати
acheter

платити
payer

торгувати
commercer

гроші
l'argent

долар
le dollar

євро
l'euro

ієна
le yen

рубль
le rouble

франк
le franc suisse

юанів женьміньбі
le renminbi yuan

рупія
la roupie

банкомат
le distributeur de billets

обмінний пункт
le bureau de change

золото
l'or

срібло
l'argent

нафта
le pétrole

енергія
l'énergie

ціна
le prix

контракт
le contrat

податок
la taxe

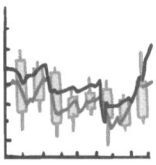
акція
les actions

працювати
travailler

працівник
l'employé

роботодавець
l'employeur

фабрика
l'usine

магазин
le magasin

професії
les professions

поліцейський
l'agent de police

пожежник
le pompier

повар
le cuisinier

лікар
le docteur

пілот
le pilote

садівник
le jardinier

столяр
le charpentier

швачка
le couturier

суддя
le juge

хімік
le pharmacien

актор
l'acteur

водій автобуса
le chauffeur d'autobus

таксист
le chauffeur de taxi

рибалка
le pêcheur

прибиральниця
la femme de ménage

покрівельник
le couvreur

офіціант
le serveur

мисливець
le chasseur

художник
le peintre

пекар
le boulanger

електрик
l'électricien

будівельник
le constructeur de bâtiments

інженер
l'ingénieur

забійник
le boucher

бляхар
le plombier

професії - les professions

солдат
le soldat

архітектор
l'architecte

касир
le caissier

флорист
le fleuriste

перукар
le coiffeur

кондуктор
le chef de train

механік
le mécanicien

капітан
le capitaine

дантист
le dentiste

вчений
le scientifique

рабин
le rabbin

імам
l'imam

монах
le moine

пастор
l'ecclésiastique

професії - les professions

інструменти
les outils

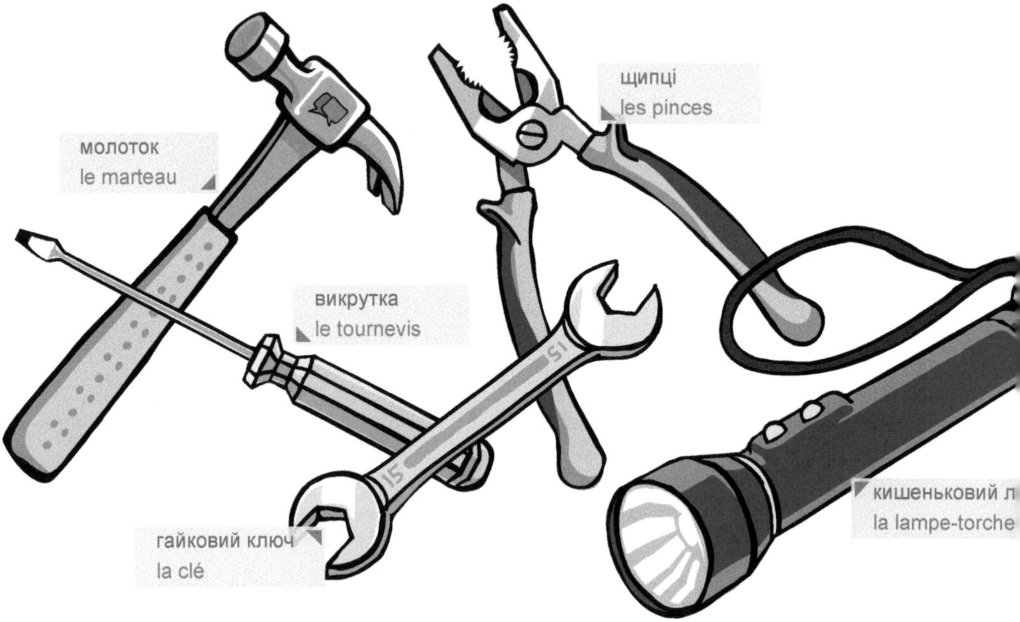

молоток
le marteau

щипці
les pinces

викрутка
le tournevis

гайковий ключ
la clé

кишеньковий л
la lampe-torche

екскаватор
l'excavatrice

ящик для інструментів
la boîte à outils

драбина
l'échelle

пилка
la scie

цвяхи
les clous

свердло
la perceuse

ремонтувати
réparer

лопата
la pelle

лайно!
Tabarnouche !

совок
la pelle à poussière

відро з фарбою
le pot de peinture

гвинти
les vis

музичні інструменти
les instruments de musique

динамік
le haut-parleur

ударна установка
la batterie

гітара
la guitare

контрабас
la contrebasse

труба
la trompette

фортепіано
le piano

скрипка
le violon

бас
la basse

литаври
les timbales

барабан
le tambour

клавіатура
le synthétiseur

саксофон
le saxophone

флейта
la flûte

мікрофон
le microphone

музичні інструменти - les instruments de musique

зоопарк
le zoo

тигр — le tigre
клітка — la cage
зебра — le zèbre
корм — la nourriture pour animaux
вхід — l'entrée
панда — le panda

тварини
les animaux

слон
l'éléphant

кенгуру
le kangourou

носоріг
le rhinocéros

горила
le gorille

ведмідь
l'ours

верблюд

le chameau

страус

l'autruche

лев

le lion

мавпа

le singe

фламінго

le flamand rose

папуга

le perroquet

білий ведмідь

l'ours polaire

пінгвін

le pingouin

акула

le requin

павич

le paon

змія

le serpent

крокодил

le crocodile

працівник зоопарку

le gardien de zoo

тюлень

le phoque

ягуар

le jaguar

зоопарк - le zoo

поні
le poney

леопард
le léopard

гіпопотам
l'hippopotame

жираф
la girafe

орел
l'aigle

кабан
le sanglier

риба
le poisson

черепаха
la tortue

морж
le morse

лисиця
le renard

газель
la gazelle

зоопарк - le zoo

спорт
les sports

дії
les activités

стрибати — sauter
обіймати — serrer dans les bras
сміятися — rire
йти — marcher
співати — chanter
мріяти — rêver
молитися — prier
цілувати — embrasser

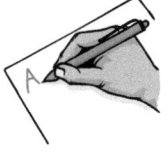

писати
écrire

малювати
dessiner

показувати
montrer

тиснути
pousser

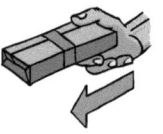

давати
donner

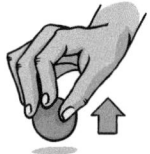

брати
prendre

мати
avoir

робити
faire

бути
être

стояти
être debout

бігати
courir

тягнути
tirer

кидати
jeter

падати
tomber

лежати
s'allonger

очікувати
attendre

носити
porter

сидіти
s'asseoir

одягати
s'habiller

спати
dormir

просипатися
se réveiller

дії - les activités

дивитися
regarder

плакати
pleurer

гладити
caresser

розчісувати
peigner

розмовляти
parler

розуміти
comprendre

питати
demander

слухати
écouter

пити
boire

їсти
manger

прибирати
ranger

любити
aimer

варити
cuisiner

їхати
conduire

літати
voler

дії - les activités

йти під вітрилом

faire de la voile

рахувати

calculer

читати

lire

вчитися

apprendre

працювати

travailler

одружуватися

se marier

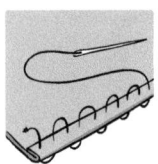

шити

coudre

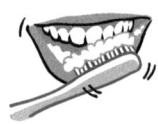

чистити зуби

brosser les dents

убивати

tuer

курити

fumer

посилати

envoyer

дії - les activités

сім'я
la famille

бабуся — grand-mère
дідуся — le grand-père
батько — le père
мати — la mère
немовля — le bébé
донька — la fille
син — le fils

гість
l'invité

тітка
la tante

дядько
l'oncle

брат
le frère

сестра
la sœur

тіло
le corps

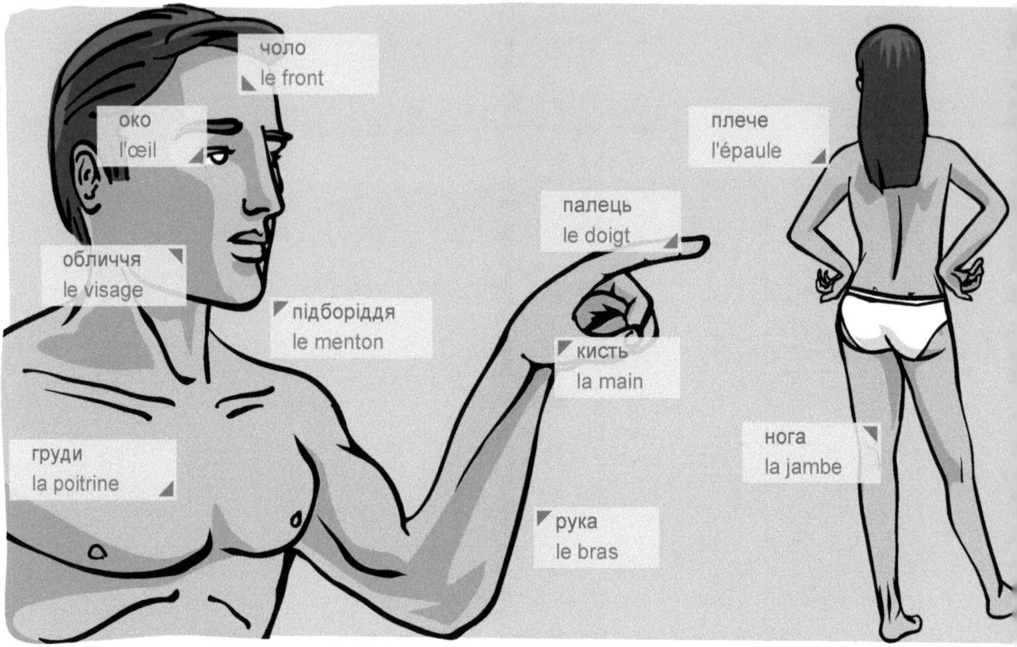

чоло
le front

око
l'œil

обличчя
le visage

груди
la poitrine

підборіддя
le menton

палець
le doigt

кисть
la main

рука
le bras

плече
l'épaule

нога
la jambe

немовля

le bébé

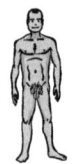

чоловік

l'homme

жінка

la femme

дівчина

la fille

хлопчик

le garçon

голова

la tête

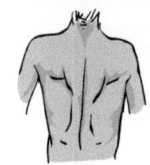

спина
le dos

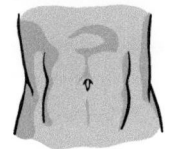

живіт
le ventre

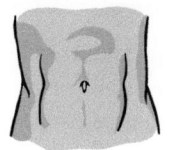

пуп
le nombril

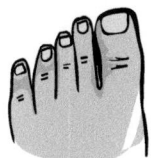

палець ноги
l'orteil

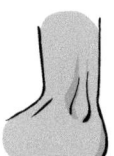

п'ята
le talon

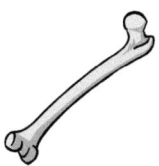

кістка
l'os

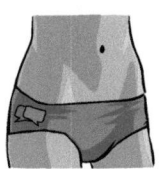

стегно
la hanche

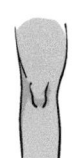

коліно
le genou

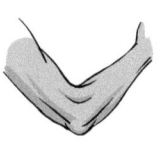

лікоть
le coude

ніс
le nez

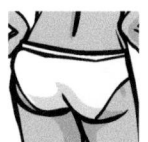

сідниці
le derrière

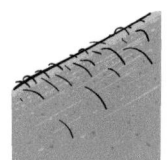

шкіра
la peau

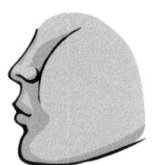

щока
la joue

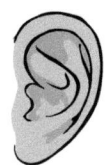

вухо
l'oreille

губа
la lèvre

тіло - le corps

рот
la bouche

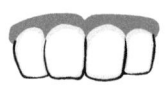
зуб
la dent

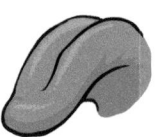
язик
la langue

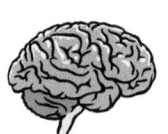
мозок
le cerveau

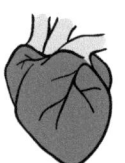
серце
le cœur

м'яз
le muscle

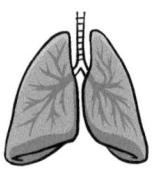
легені
les poumons

печінка
le foie

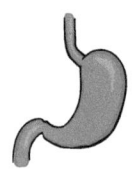
шлунок
l'estomac

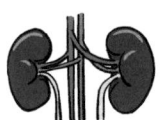
нирки
les reins

статевий акт
le rapport sexuel

презерватив
le condom

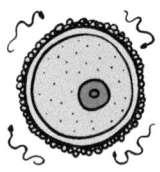
яйцеклітина
l'ovule

сперма
le sperme

вагітність
la grossesse

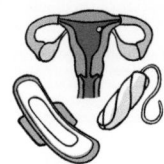

менструація
la menstruation

вагіна
le vagin

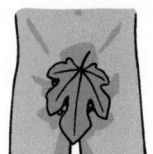

пеніс
le pénis

брова
le sourcil

волосся
les cheveux

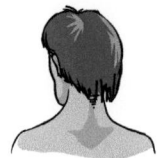

шия
le cou

лікарня
l'hôpital

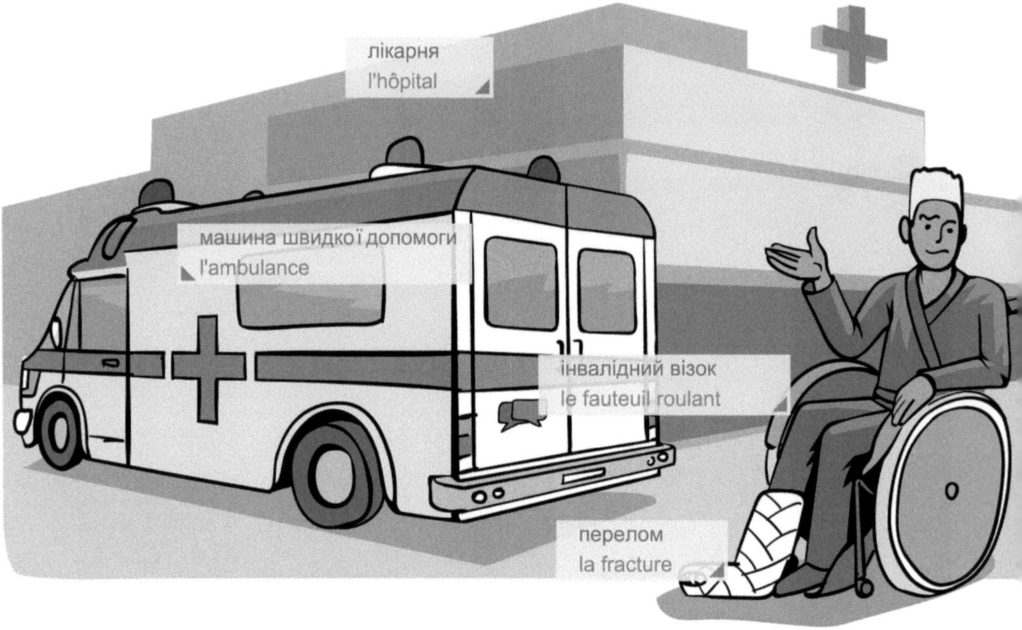

лікарня
l'hôpital

машина швидкої допомоги
l'ambulance

інвалідний візок
le fauteuil roulant

перелом
la fracture

лікар

le docteur

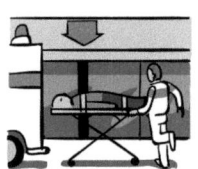

відділення швидкої
медичної допомоги

la salle des urgences

медсестра

l'infirmier

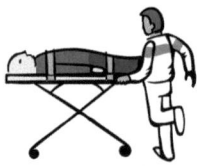

аварійний випадок

l'urgence

непритомний

inconscient

біль

la douleur

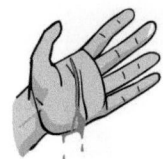
травма
la blessure

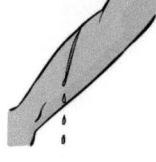
кровотеча
le saignement

інфаркт
la crise cardiaque

інсульт
l'AVC

алергія
l'allergie

кашель
la toux

лихоманка
la fièvre

грип
la grippe

пронос
la diarrhée

головна біль
le mal de tête

рак
le cancer

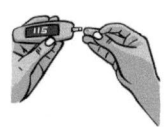
діабет
le diabète

хірург
le chirurgien

скальпель
le scalpel

операція
l'opération

лікарня - l'hôpital

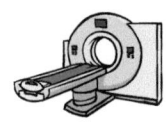
КТ
la tomodensitométrie

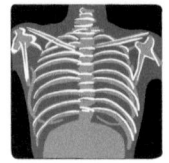
рентген
la radiographie

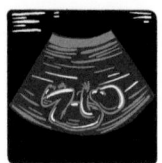
ультразвук
l'ultrason

маска
le masque

хвороба
la maladie

зал очікування
la salle d'attente

милиця
la béquille

пластир
le sparadrap

пов'язка
le bandage

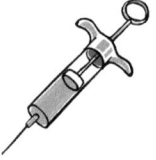
ін'єкція
l'injection

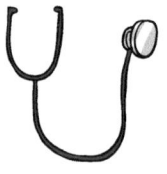
стетоскоп
le stéthoscope

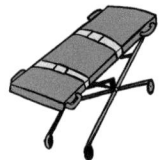
ноші
le brancard

термометр
le thermomètre médical

народження
l'accouchement

надмірна вага
l'excès de poids

лікарня - l'hôpital

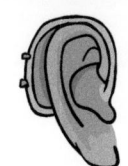

слуховий апарат
l'appareil auditif

дезінфікуючий засіб
le désinfectant

інфекція
l'infection

вірус
le virus

ВІЛ / СНІД
le VIH/ le sida

медицина
le médicament

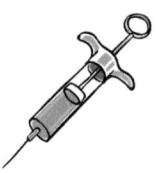

вакцинація
la vaccination

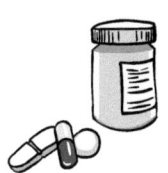

таблетки
les comprimés

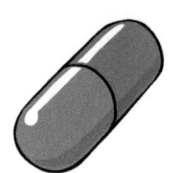

протизаплідна пігулка
la pilule

екстрений виклик
l'appel d'urgence

тонометр
le tensiomètre

хворий / здоровий
malade / en bonne santé

лікарня - l'hôpital

аварійний випадок
l'urgence

Допоможіть!
Au secours !

сигнал тривоги
l'alarme

напад
l'assaut

атака
l'attaque

небезпека
le danger

аварійний вихід
la sortie de secours

Вогонь!
Au feu!

вогнегасник
l'extincteur

аварія
l'accident

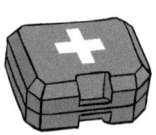
аптечка
la trousse de premiers soins

СОС
SOS

поліція
la police

Земля
la Terre

Європа

l'Europe

Північна Америка

l'Amérique du Nord

Південна Америка

l'Amérique du Sud

Африка

l'Afrique

Азія

l'Asie

Австралія

l'Australie

Атлантика

l'océan Atlantique

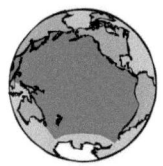

Тихий океан

l'océan Pacifique

Індійський океан

l'océan Indien

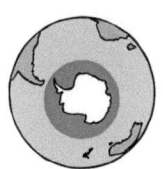

Антарктичний океан

l'océan Antarctique

Північний Льодовитий океан

l'océan Arctique

Північний полюс

le Pôle Nord

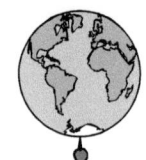
Південний полюс
le Pôle Sud

Антарктика
l'Antarctique

Земля
la Terre

суша
la terre

море
la mer

острів
l'île

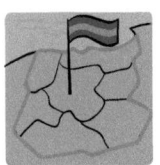
нація
la nation

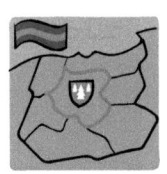
держава
l'État

годинник
l'heure

циферблат

le cadran

годинникова стрілка

l'aiguille des heures

хвилинна стрілка

l'aiguille des minutes

секундна стрілка

l'aiguille des secondes

Котра година?

Quelle heure est-il ?

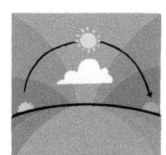

день

le jour

час

le temps

зараз

maintenant

цифровий годинник

la montre à affichage numérique

хвилина

la minute

година

l'heure

тиждень
la semaine

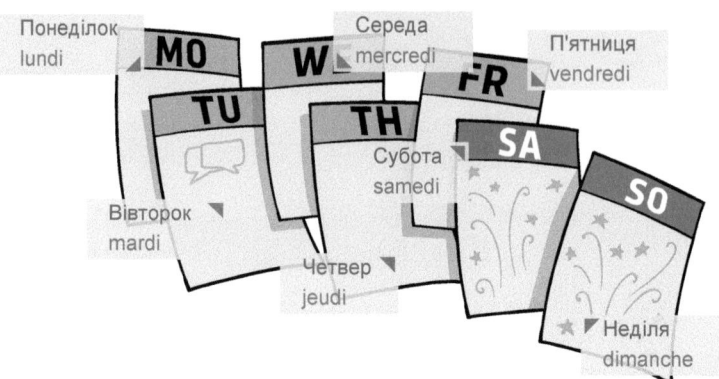

Понеділок — lundi
Вівторок — mardi
Середа — mercredi
Четвер — jeudi
П'ятниця — vendredi
Субота — samedi
Неділя — dimanche

вчora
hier

сьогодні
aujourd'hui

завтра
demain

ранок
le matin

опівдні
le midi

вечір
le soir

робочі дні
les jours ouvrables

кінець робочого тижня
la fin de semaine

рік

l'année

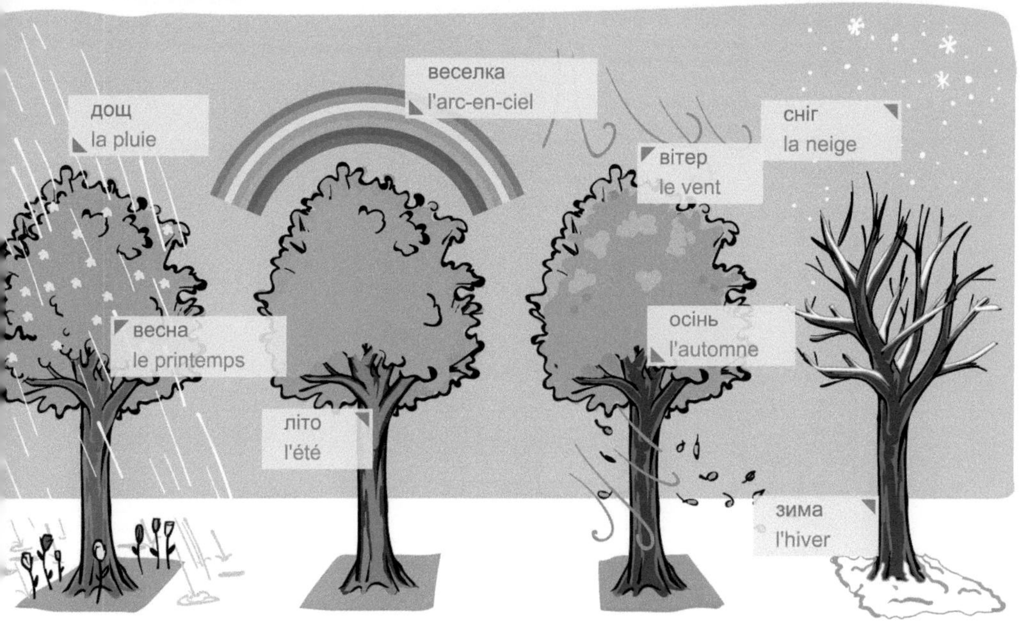

дощ
la pluie
веселка
l'arc-en-ciel
сніг
la neige
вітер
le vent
весна
le printemps
осінь
l'automne
літо
l'été
зима
l'hiver

4.APRIL 11°
5.APRIL 4°
6.APRIL 13°
7.APRIL 8°
8.APRIL 10°

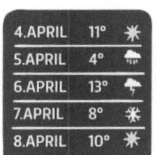

прогноз погоди

les prévisions météorologiques

F
C
120
90
60
30
0
-30
40
30
20
10
0
-10
-20

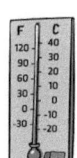

термометр

le thermomètre

сонячне світло

les rayons du soleil

хмара

le nuage

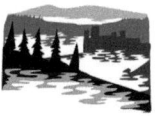

туман

le brouillard

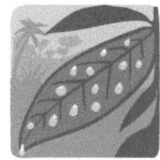

вологість повітря

l'humidité

блискавка
la foudre

грім
le tonnerre

шторм
la tempête

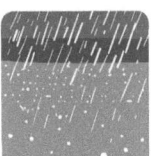
град
la grêle

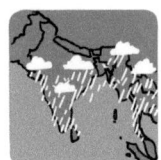
мусон
la mousson

повінь
l'inondation

лід
la glace

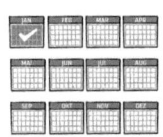
Січень
janvier

Лютий
février

Березень
mars

Квітень
avril

Травень
mai

Червень
juin

Липень
juillet

Серпень
août

Вересень
septembre

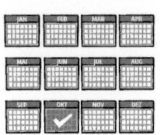
Жовтень
octobre

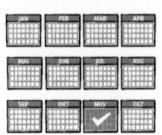
Листопад
novembre

Грудень
décembre

форми
les formes

круг
le cercle

квадрат
le carré

прямокутник
le rectangle

трикутник
le triangle

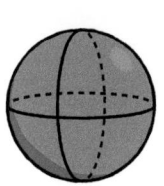
куля
la sphère

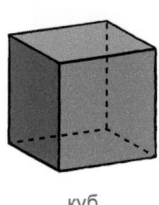
куб
le cube

фарби
les couleurs

білий
blanc

жовтий
jaune

помаранчевий
orange

рожевий
rose

червоний
rouge

фіолетовий
violet

синій
bleu

зелений
vert

коричневий
marron

сірий
gris

чорний
noir

протилежності
les opposés

багато / мало
beaucoup / un peu

лютий / мирний
en colère / calme

гарний / бридкий
beau / laid

початок / кінець
le début / la fin

великий / малий
grand / petit

світлий / темний
lumineux / sombre

брат / сестра
le frère / la sœur

чистий / брудний
propre / sale

завершений / незавершений
complet / incomplet

день / ніч
le jour / la nuit

мертвий / живий
mort / vivant

широкий / вузький
large / étroit

їстівний / неїстівний

comestible / non comestible

злий / дружній

méchant / gentil

збуджений / нудьгуючий

être enthousiaste / s'ennuyer

товстий / тонкий

gros / mince

спочатку / востаннє

le premier / le dernier

друг / ворог

l'ami / l'ennemi

повний / порожній

plein / vide

жорсткий / м'який

dur / mou

важкий / легкий

lourd / léger

голод / спрага

faim / soif

хворий / здоровий

malade / en bonne santé

незаконний / законний

illégal / légal

розумний / дурний

intelligent / stupide

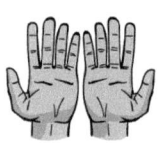

вліво / вправо

gauche / droite

поруч / далеко

proche / loin

протилежності - les opposés

новий / використаний
neuf / usagé

нічого / щось
rien / quelque chose

старий / молодий
vieux / jeune

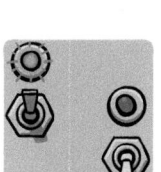

вкл / викл
marche / arrêt

відкрито / закрито
ouvert / fermé

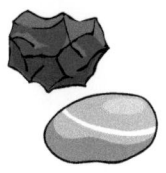

тихо / гучно
calme / bruyant

багатий / бідний
riche / pauvre

правильно / неправильно
correct / incorrect

шорсткий / гладкий
rugueux / lisse

сумний / щасливий
triste / heureux

короткий / довгий
court / long

повільно / швидко
lent / rapide

вологий / сухий
mouillé / sec

гарячий / холодний
chaud / froid

війна / мир
la guerre / la paix

протилежності - les opposés

числа
les nombres

0
нуль
zéro

1
один
un

2
два
deux

3
три
trois

4
чотири
quatre

5
п'ять
cinq

6
шість
six

7
сім
sept

8
вісім
huit

9
дев'ять
neuf

10
десять
dix

11
одинадцять
onze

12

дванадцять
douze

13

тринадцять
treize

14

чотирнадцять
quatorze

15

п'ятнадцять
quinze

16

шістнадцять
seize

17

сімнадцять
dix-sept

18

вісімнадцять
dix-huit

19

дев'ятнадцять
dix-neuf

20

двадцять
vingt

100

сто
cent

1.000

тисяча
mille

1.000.000

мільйон
le million

числа - les nombres

МОВИ
les langues

англійська

l'anglais

американська англійська

l'anglais américain

китайська високочиновницька

le chinois mandarin

хінді

le hindi

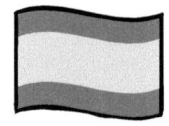

іспанська

l'espagnol

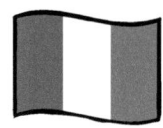

французька

le français

арабська

l'arabe

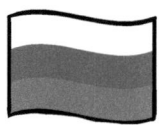

російська

le russe

португальська

le portugais

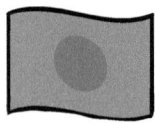

бенгальська

le bengali

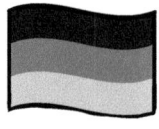

німецька

l'allemand

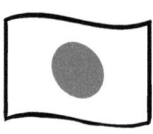

японська

le japonais

хто / що / як
qui / quoi / comment

я
je

ти
tu

він / вона / воно
il / elle / ce, c', cela

ми
nous

ви
vous

вони
ils / elles

хто?
qui ?

що?
quoi ?

як?
comment ?

де?
où ?

коли?
quand ?

ім'я
le nom

де
où

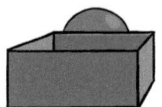
ззаду
derrière

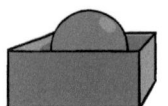
в
dans

перед
devant

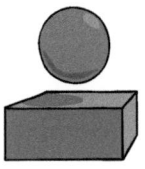
над
au-dessus

на
sur

під
en dessous

біля
à côté de

між
entre

місце
l'endroit